ALTO NÍGER

Y

DELTA DEL NÍGER

ISBN: 9781687671585

ALTO NÍGER
Y
DELTA DEL NÍGER

JUAN SANZ SANZ

ACLARACIÓN:

En 1983, tras años de concienzudos estudios, de muchos cálculos y comprobaciones, JUAN SANZ SANZ (1943 - 2019), dio a conocer, de forma privada y personal, y en dos instancias diferentes que entonces le parecieron las más idóneas para la evaluación y la posible puesta en marcha de las ideas que aportaba, las propuestas siguientes: IDEAS PARA UN PROYECTO DE APROVECHAMIENTO DE LAS AGUAS DEL ALTO NÍGER EN LA IRRIGACIÓN DE LAS LLANURAS ALUVIALES SITUADAS AL OESTE DE TOMBUCTÚ y CULTIVO DEL DELTA DEL NÍGER.

Desgraciadamente acaba de fallecer el cultísimo hombre, un autodidacta al que muchos no dudarían de calificar de prototipo de persona cercana al Renacimiento dada la gran cantidad de conocimientos que durante toda su existencia procuró agrandar.

El bagaje que le proporcionaba su sabiduría, debida a la profundidad de la inmersión que durante décadas hizo en la Geografía y en la Historia, unidos a la atenta observación de lo mucho que acontecía por aquellos años en todo el Planeta, le dieron entonces al malogrado autor el impulso necesario.

Es bueno recordar de nuevo que hablamos de 1983, entonces, igual que en presente Siglo XXI, pesaba mucho en contra suya la palabra, presente siempre en una sociedad en exceso jerarquizada: AUTODIDACTA.

Sin mover ni una coma de su legado, ahora se publica el trabajo de JUAN SANZ SANZ por vez primera bajo el título que él mismo eligió: ALTO NÍGER Y DELTA DEL NÍGER.

BIOGRAFÍA:

Autodidacta, Juan Sanz Sanz (1943-2019), se dedicó, desde la primera juventud, a desentrañar los problemas que le planteaban las lecturas de los hechos históricos narrados por los distintos autores que frecuentemente divergían entre sí.

La Geografía fue una de sus grandes aficiones y motivo de ferviente estudio, no existiendo en la Planeta lugar, por muy recóndito que se hallase, del que no se hubiera informado exhaustivamente.

El atento seguimiento de la realidad social y política en la que transcurrió su existencia se tradujo en propuestas de aprovechamiento hídrico en tres continentes y cada uno de los proyectos fue enviado en su día a los lugares que calculó más idóneos para su consecución.

Los idiomas -léase el francés, el inglés, el italiano, el portugués y el alemán, además del suyo propio, el castellano-, no tenían secretos para él y así pudo disfrutar plenamente de la Literatura escrita en ellos, otra afición en la que, como hombre ilustrado, encontraba a sus iguales.

En la primera juventud la guitarra española y posteriormente el piano, fueron instrumentos musicales a los que dedicó un gran esfuerzo parejo a la pasión que la Música despertaba en él y así, en la madurez, con auténtica devoción y delicadeza, interpretaba hermosas piezas de Bach, Chopin, Debussy y Beethoven que contribuyeron mucho a hacer sus días más humanos y el paso del tiempo más leve.

Además de los Proyectos Hídricos, deja muchos trabajos literarios prácticamente a punto de publicar, algo que se procurará dar a la luz pública.

In memóriam

INTRODUCCIÓN

RÍO NÍGER:

Nace a 1.800 msm, a 250 km de Konakry y Freetown. Discurre plácidamente hacia el NE, hasta Tombuctú durante 1.200 km en línea recta. En tiempos geológicos recientes terminaba aquí, los dos tramos unidos forman una de las corrientes más largas de la Tierra, de 4.200 km, los mismos que el Amarillo, por ejemplo. Unos 200 km antes de llegar a Bamako entra en la llanura; aquí la diferencia de anchura entre crecida y estiaje es de 600 metros. Un arco de ríos llevan las aguas de un frente montañoso de

500 km, donde las lluvias son extraordinarias (mucho más de 2 m.) Antes de llegar a Bamako deja de recibir afluentes constantes; el curso paralelo del Bani se beneficia de un territorio con lluvias estacionales y cursos de agua temporales. Más debajo de Bamako atraviesa una meseta llana y empiezan los pantanos y los brazos paralelos. Una vasta región pantanosa, de 60.000 km2, la Macina, que termina en Tombuctú, se extiende a ambos lados del curso principal hasta una distancia de más de 100 km. La anchura de esta región es de más de 200 km y su longitud de más de 400 km.

Una corriente subterránea sigue desde Tombuctú un antiguo lecho del Níger hacia el Norte. Los pozos del oasis de Aruán, a 260 km de Tombuctú, muestran, si bien a posteriori, las subidas y bajadas del nivel del Níger. A la altura de Tombuctú termina la región pantanosa; en río se encamina hacia el E y luego al SE. Un poco más abajo de Gao comienzan los raudales, que no terminan hasta Yeba; en un tramo de más de 1.000 km el río no es navegable. A partir de Niamey las lluvias estivales son abundantes. La crecida estival de su curso alto llega a la Curva en Año Nuevo y al curso inferior en marzo o abril. Las lluvias del curso inferior producen una crecida en septiembre. Por eso el Níger inferior tiene dos crecidas: una en abril y otra en septiembre, mientras que el alto sólo tiene una a fines de verano. En Bamako el caudal es de 10.000 m3 en septiembre, pero en estiaje se reduce a 20 ó 30. Junto a Yeba este caudal se ha convertido en 8.600 en crecida y 280 en estiaje. Más abajo le llega el Benue, de gran caudal constante. Las crecidas del Níger no aportan limo fertilizante. La crecida avanza muy lentamente debido a que el curso del río es muy amplio y ha de llenar primero las riberas a kilómetros y kilómetros de distancia.

Durante tres meses, de mediados de agosto a mediados de noviembre, el Níger lleva en Kulikoro (junto a Bamako, capital de Mali), un caudal superior a 5.000 m3/s. Precisamente en Kulikoro comienza un tramo de raudales que llega hasta las proximidades de Sansanding. Es en este punto en donde comienza el vasto delta interior, que cubre una enorme superficie hasta más allá de Tombuctú. La extensión que anualmente cubren las aguas es enorme. La cantidad de agua que se pierde por evaporación en esta región, llamada Macina, es de varios miles de metros cúbicos por segundo. De forma que el río sale de la región pantanosa con un caudal extremadamente mermado. El gran volumen de agua que lleva en la desembocadura procede de los países costeros de Guinea.

La idea consiste en corregir este fenómeno natural. Durante milenios el Níger ha desembocado en este lago interior semejante al Chad, pero todavía más grande, ya que el volumen de aguas del Níger-Bani es superior al de Chari-Logone. Así, durante millones de años los aluviones han ido colmatando esta llanura palustre, hasta volverla prácticamente horizontal. Una de las claves de este asunto es que el avenamiento de esta región pantanosa es extremadamente difícil por la falta de desnivel. Si se rebajara el cauce del río principal, tal vez se podría dar salida a las aguas. Pero el problema es que estas aguas no necesitan que se les de salida, sino que se deben aprovechar más arriba. La idea general consiste en utilizar las aguas del Níger fuera de la región pantanosa.

El Níger actual tiene tendencia a irse hacia el Norte, a perderse en el Sáhara; es la tendencia del Nilo y del Chari. Si los datos que nos proporciona el plano de subsuelos que tenemos a mano son ciertos, da la impresión de que durante largas edades el río estuvo vertiendo hacia el Norte y que sólo cuando el Níger costero le captó, a partir de Gao, comenzó a verter hacia el Este, llevando a cabo una labor de rebajamiento del valle en este sentido, abandonando las regiones aluviales del Norte, que hoy día son una estepa desértica. Si esta estepa desértica formada por aluviones existe realmente -no tenemos porque poner en duda lo que nos dicen los libros-, hay aquí una región aluvial seca, seguramente fértil, que podría aprovecharse con el simple desnivel del río, ya que está prácticamente al mismo nivel que éste.

Lo primero que hemos de hacer es cerciorarnos de que esta región aluvial es tal como se dice en los manuales. Si es así, el proyecto es extremadamente sencillo y factible. Basta con desviar el río por una región sin desniveles, en dirección al Norte y al Noroeste. Se trata de distribuir el agua durante la estación de la crecida, aprovechándola en lugar de dejar que se pierda por evaporación y esterilice una región tan extensa como la que cubre hoy. Con esto se evitaría también el anegamiento de la Macina, que en su mayor parte quedaría seca al cabo de pocos años. El río discurriría exclusivamente por un cauce y si la Macina seguía en parte encharcándose sería por las inundaciones del Bani, su principal afluente, que desemboca en esta región independientemente del Níger. Hacen falta datos más precisos sobre el régimen del río, sobre cual sería el caudal realmente aprovechable en el caso de que sus aguas fueran retenidas en el tramo de raudales entre Kulikoro y Sansanding.

Lo más conveniente sería construir un gran embalse en la región de los raudales, que retuviera las aguas del río y permitiera un aprovechamiento exhaustivo de sus aguas. Si la gran crecida del Nilo es de 7.500 m3 en septiembre y su caudal medio de algo menos de 2.000 m3, podemos suponer que el régimen del Níger es semejante al del Nilo.

No olvidemos que esta región aluvial fue el centro hace mil años del Imperio de Ghana, cuya existencia se basaba en el aprovechamiento mediante pozos de una capa freática casi a ras del suelo que se ha agotado posteriormente. Tiene, pues, esta región aluvial situada al NO del río algo de especial. Si las aguas del Níger fueran desviadas y distribuidas por medio de canales, el resultado sería un núcleo agrícola importantísimo, capaz de alimentar a buena parte de los habitantes de esta parte de la franja saheliana, azotada por hambre

Crónica. Sería una solución a medio plazo.

CAPÍTULOS:

UNO

En la actualidad casi todos los países del Tercer Mundo tienen un notable déficit alimentario. El crecimiento de la producción de alimentos evoluciona más lentamente que el crecimiento de la población. Este déficit alimentario está acentuado por la general demanda de un mejor nivel de vida. Todo ello reposa sobre la falta de recursos agrícolas y es, en definitiva, la crisis de la agricultura mundial lo que, en realidad, hemos de afrontar. Si los países del Tercer Mundo tuvieran una agricultura desarrollada, el fenómeno de la superpoblación no se notaría.

Entonces, hemos de preguntarnos: ¿por qué la agricultura que sostiene a la mayor parte de la población mundial es incapaz de proporcionar los suficientes alimentos, cuando en esos países hay, aparentemente, los elementos básicos para ello: tierras, lluvias, clima templado? Es un fenómeno paradójico que hemos de explicarnos.

La crisis de la agricultura actual consiste, sencillamente, en que no es capaz de producir lo necesario en cada lugar en donde hace falta. Los productos alimentarios no deben ser objeto de un intercambio excesivo; cuando la sociedad lleva a cabo un gran comercio de productos agrícolas, es síntoma de que nos hallamos ante una situación anómala. Estos, por su bajo precio y su gran volumen, deben ser producidos en los lugares de consumo o a corta distancia de ellos. Sólo en casos excepcionales el fenómeno tiene un carácter positivo, no es tuna tara; por ejemplo, la Gran Bretaña del siglo pasado o la Venecia de otros siglos, centros industriales de enorme rentabilidad que podían permitirse el lujo de no producir la mayor parte de los alimentos que consumían. Pero, generalmente, cuando aparece el fenómeno a que estamos asistiendo en nuestra época, de que los centros consumidores no producen los alimentos que necesitan para subsistir, es síntoma de que estamos inmersos en un estado de cosas de cariz negativo. En una economía sana, los intercambios de productos agrícolas deben reducirse a lo estrictamente necesario. Como es sabido, este es uno de los principios sobre los que descansa la Comunidad Económica Europea. El comercio debe traficar con productos de mayor precio y menor volumen: manufacturas, por un lado, mercancías mineras y agropecuarias, por otro, cuya producción se localiza en ciertos lugares y que, por tanto, faltan necesariamente en otros. Los productos básicos de subsistencia -no sólo los alimentarios- deben obtenerse en los propios centros de consumo, reduciendo su intercambio al mínimo. Estos son hechos elementales, sobradamente conocidos, que no está de más recordar.

En los últimos años se está produciendo un aumento creciente en los intercambios de productos agrícolas, resultado de la insuficiencia de producción de muchos países, en contraste con la superabundancia de otros. Es preciso corregir esta situación, porque los países cuya producción es insuficiente, difícilmente pueden abastecerse en el mercado mundial de materias agrícolas. En efecto, aunque las producciones de los países exportadores de alimentos básicos son de alta rentabilidad y, por tanto, de precios moderados para su propio sistema de producción, estos precios quedan lejos de la capacidad adquisitiva de los países deficitarios. Hay alimentos en el mundo, tal vez en cantidad suficiente, pero no pueden ser objeto de una distribución comercial que satisfaga las necesidades generales. Esta es la situación en la que ahora nos encontramos. La plaga del hambre se va extendiendo muy lentamente por el Planeta y, poco a poco, países antes autosuficientes o excedentarios de alimentos pasan a engrosar las filas de los depauperados. Es una situación extraña, anómala, y prueba el principio expuesto más arriba de que los productos alimentarios deben producirse en los centros de consumo.

DOS

Entonces, ¿cuál es la causa de que la agricultura de los países del Tercer Mundo no sea capaz de satisfacer sus necesidades alimentarias? Hasta hace pocos decenios esta producción era suficiente, salvo épocas de sequía o grandes catástrofes. No obstante, en el caso de la China, por ejemplo, la escasez de alimentos fue la causa de las convulsiones sociales que empezaron a mediados del siglo pasado (*). Pero, en realidad, el problema es la baja productividad, el bajo rendimiento de los países del Tercer Mundo, situados en áreas tropicales en su casi totalidad.

Mientras, en los países boreales, el Norte, la agricultura ha sido sometida a un aprovechamiento intensivo, los rendimientos de la agricultura tropical son muy bajos. En el Sur hay recursos potenciales agropecuarios en cantidad superior al Norte, pero estos recursos se hallan explotados sólo en una parte mínima. Los medios actuales de explotación en el Sur han llegado al límite de sus posibilidades y es preciso realizar una transformación radical.

En el Sur hay mayor extensión de tierras laborables, el clima cálido permite obtener cosechas sin interrupción. Sin embargo, a pesar de estas condiciones favorables en teoría, sus rendimientos son bajos y la extensión de tierras aprovechadas ocupa una parte proporcional muy inferior al Norte. Hay mayores espacios de tierras cultivadas en el Norte hoy día. Sin embargo, la capacidad alimentaria de las tierras tropicales es muy superior a la de las boreales.

La agricultura del Norte es una agricultura refleja de los centros industriales a los que, en primer lugar, abastece. En ella, los elementos de la actividad industrial se han proyectado sobre los modos de producción. Y, así, las industrias mecánicas, químicas, los dispositivos de transporte, tratamiento, conservación, investigación, actúan directamente, obteniendo rendimientos muy altos, a pesar de que la fertilidad de los países boreales es inferior a la de los tropicales.

Para la agricultura natural, con una intervención mínima de la industria moderna, hacen falta dos condiciones: fertilidad y humedad. Estas dos condiciones se dan en mayor medida en los países tropicales, a pesar de sus vastas extensiones desérticas, que en el Norte. Sin embargo, la agricultura del Sur no pasa de ser una agricultura natural, en la que la falta de una potente actividad industrial impide que se transforme de la misma manera que se ha transformado la agricultura de los países templados. Es decir, la agricultura de los países del Norte no es sino el reflejo de su nivel industrial, en tanto que la agricultura del Sur es también el reflejo de su vigor industrial. De ahí que se haya intentado la solución del problema frecuentemente a partir de este principio. Es preciso poner las cosas en su sitio. Se ha pretendido elevar el nivel industrial del Sur para que éste se reflejara sobre la producción agraria, transformándola.

(*) *El presente documento fue escrito por el autor en el año 1983.*

TRES

La agricultura del Sur debe transformarse por sí misma, ser el principio del desarrollo económico. Para esto es necesario hacer entrar en juego los factores favorables de que está dotada y obtener de ellos el mayor rendimiento posible. Naturalmente, todo cuesta dinero; pero esas inversiones que se destinan al fin fantástico de promover una industrialización, si se dedicaran a otra finalidad más accesible y positiva, sin duda promoverían una transformación realmente definitiva.

Por otro lado, la agricultura tropical ha llegado al límite de sus posibilidades. No puede dar más de sí con los medios de que actualmente dispone. Hay que introducir nuevos elementos. La transformación básica que los países del Sur deben realizar consiste en la aplicación del riego de forma exhaustiva. El riego multiplica la producción agrícola y corrige las irregularidades climáticas.

Es necesario, si se quiere resolver este problema, sacar el máximo partido de los recursos de que disponen estos países. ¿Cuáles son estos recursos? La gran extensión de tierras laborables, la abundancia de lluvias, la bonanza del clima. Hasta ahora se han aprovechado estas condiciones de forma elemental, con limitada participación del hombre, que corrige en parte la Naturaleza, pero no la domina y la transforma.

La agricultura tropical no progresa y no es capaz de proporcionar los alimentos que son necesarios porque no se transforma y esta transformación no puede provenir de la aplicación de una tecnología industrial que allí no existe, sino de la modificación de sus bases productivas. Hasta ahora, éstas han sido el suelo, la lluvia, el abonado animal o por medio de quemas y, en menor medida, el riego. Sólo en los superpoblados países asiáticos el riego se ha desarrollado, pero de forma rudimentaria, generalmente sin la aplicación de la moderna tecnología. La base productiva de la agricultura tropical debe ser el aprovechamiento para este fin de los recursos hidráulicos -agua y energía- de los ríos tropicales. Sistematizar este principio es la única fórmula para resolver el tremendo problema de una agricultura que ha llegado al límite de lo que es capaz de producir por sus propios medios. El proyecto que exponemos a continuación, en torno al aprovechamiento del Alto Níger, es un ejemplo de cómo la puesta en ejecución de este principio puede alcanzar resultados excepcionales. Este es el único camino para, a corto plazo, resolver el aterrador problema del déficit alimentario; a medio plazo, establecer las bases para un desarrollo económico firme y autónomo; y, a largo plazo, hacer entrar esas masas, que suman más de los 2/3 de la población mundial, en la vida moderna de la que, en conjunto, permanecen al margen.

CUATRO

En los países del Sahel las oscilaciones de los periodos de sequía y humedad son las consecuencias de las variaciones notables de las precipitaciones que se producen de un año a otro. Cuando llueve poco, el clima se seca y el desierto avanza hacia el Sur. Esta es la causa de que la franja desértica avance o retroceda, según las lluvias sean, en conjunto, mayores o menores. Y todo ello de forma caprichosa e irregular, sin que se sepa realmente la causa y se pueda descubrir la regla.

A estas oscilaciones irregulares en la masa de lluvias que caen sobre la franja sahaliana corresponden avances y retrocesos del desierto. En los años húmedos, la vegetación avanza hacia el Norte, los cultivos se obtienen con suma facilidad y abundancia. En los años con precipitaciones escasas, la desertización se acentúa y se extiende cada vez más. Esta es la situación que sufre el Sahel desde hace varios años (**). El desierto avanza hacia el Sur, la franja cultivable se estrecha, los cultivos de lluvia dan un rendimiento cada vez menor y en muchas regiones resultan imposibles. La capacidad alimentaria se reduce de tal forma que llega a producirse una situación de hambre extrema.

Es evidente que estos países no pueden seguir dependiendo de las lluvias para obtener los alimentos que necesitan. Hace falta otra manera de producirlos. Esta no puede ser más que el aprovechamiento de las aguas de los grandes ríos de la región. Estos nacen en unos territorios de condiciones climáticas diferentes, con oscilaciones menos acusadas; son una fuente de alimentación pluvial relativamente constante, que aseguran un mínimo caudal. El Níger y el Senegal recogen las aguas de territorios en donde siempre llueve en abundancia, a pesar de los ciclos de sequía. Este es el factor que puede contrarrestar el factor variable que es el clima saheliano.

(**) *El presente documentos fue escrito por el autor en el año 1983.*

CINCO

Como es sabido, el Alto Níger o Yoliba nace en el macizo de Fouta Djallon, región cercana a la costa atlántica, donde llueve extremadamente, y vierte hacia el interior del continente africano. Recoge las aguas de un largo frente montañoso, poco elevado, cercano a la costa, que no forma una pantalla a los vientos estivales cargados de humedad, como ocurre, por ejemplo, en el Himalaya. Llueve abundantemente en las dos vertientes de esta serranía baja.

Las aguas vierten en dirección al Noreste, hacia esa gran llanura que es el Sáhara Occidental.

Hasta una época geológicamente reciente el Alto Níger y el Bajo Níger eran dos ríos diferentes, el primero desembocaba, a semejanza del Chari actual, en un gran lago en los límites del desierto, mientras que el segundo nacía en el Adrar y seguía el curso inferior del Níger actual; su cabecera esta en el Oued Tilemsi. Así, este río independiente que era el Alto Níger iba a perderse en un gran lago, del cual son restos el rosario de pantanos lacustres que orlan su curso, hasta gran distancia de él, entre Segou y Tombuctú. El antiguo lago, semejante al Chad actual, se extendía por la región palustre y se prolongaba hacia el Oeste del río en dirección al Hodh. Al producirse la captación del Níger Superior por el Inferior, las aguas del antiguo lago tuvieron una salida y sólo subsisten algunos pantanos en la región cercana al río. Pero el fondo de la región que anegaba, situada al Oeste, se vació, permaneciendo una vasta llanura aluvial. Esta es la zona, fuera de las inundaciones, que se podría aprovechar. Si realmente es el fondo de un antiguo lago y fue cubierto por los aluviones del río, nos encontramos ante un territorio de suelo agrícola de fácil aprovechamiento. En él no hay que realizar ninguna operación previa de desecación y acondicionamiento. Basta con desviar hasta ella el agua del río, en contraste con la región de los márgenes del Níger, cubiertas de pantanos y sometidas a grandes inundaciones, aumentadas por el hecho de que el río, para salir de ella, se estrecha en la zona de conjunción con el Níger inferior. La región ribereña forma hoy un vasto delta interior, con muy poco desnivel, cubierta de lagos. Su desecación es muy difícil. En cambio, contigua a esta llanura pantanosa hay otra seca, que tiene el mismo origen y es la que se debería aprovechar.

Para ello basta con desviar las aguas del río a una altura suficiente para que el canal domine el conjunto de la llanura aluvial seca. Como el desnivel es muy pequeño, es preciso recoger las aguas en la parte más elevada de la llanura, en su comienzo por el Oeste. Es decir, en la región de Bamako. Aquí el río abandona el fondo de lechos duros y se adentra en la llanura aluvial. Entre Bamako y Koulikoro el río pasa una región de raudales, que interrumpen la navegación. Este es el punto que debe ser origen de un canal de desviación de las aguas. Se encuentra a 340 metros de altitud y parece suficiente para dominar la mayor parte de la llanura septentrional. Sin embargo, el Níger está bordeado en esta parte por una franja de colinas bajas, que el canal habrá de atravesar para salir a la llanura. Esta es, en síntesis, la idea. Se trata de aprovechar las tierras fértiles del fondo del antiguo lago del Níger, hoy fuera de la inundación al haber variado la estructura del río. Y todo ello mediante una simple desviación.

Durante un largo periodo geológico el Alto Níger desembocó en esta región interior, sin salida al mar. A lo largo de ese tiempo ha habido numerosas alternancias climáticas; épocas relativamente secas y otras de gran humedad. El continente africano es muy antiguo; su distribución orográfica se ha modificado poco. La labor principal que ha realizado la Naturaleza posteriormente ha sido la erosión de las montañas antiguas y la colmatación de las cuencas intermedias. Por eso el continente tiene esa forma típica de cuencas interiores, rellenas de aluviones, rodeadas de montañas antiguas muy desgastadas. El proceso de formación de la llanura aluvial que nos interesa no es más que uno de estos mecanismos de erosión y colmatación. En este caso ha sido el curso del Níger el instrumento principal, aunque tampoco hay que olvidar el aluvionamiento eólico; el harmatán, viento seco del desierto, sopla constantemente durante más de la mitad del año, en estas regiones. Es decir, la acción combinada de los aluviones del Níger y del polvo transportado desde el desierto por el harmatán han dado por resultado el relleno de esta cuenca interior, rodeada de macizos antiguos excepto por el Norte, en donde hay en la superficie extensos territorios de dunas fijas. En el centro del Sáhara las dunas son movedizas, pero en los límites del Sahel están sujetas por la vegetación.

SEIS

Se podría intentar la desecación del Macina y el conjunto de las regiones pantanosas y lacustres que el río cubre con las avenidas estivales, rebajando su nivel en el curso inferior. Pero se trata de un tramo de río de muchos cientos de kilómetros, con muy poco desnivel, prácticamente horizontal. Aunque el nivel del río fuera rebajado, hay grandes extensiones que no quedarían drenadas. Por otro lado, las grandes avenidas, de 12.000 m3/segundo de máximas medias, serían un peligro constante para esta baja región.

La desecación de los pantanos

es una tarea sumamente dificultosa, mientras que la desviación del río hacia esa otra porción de la antigua llanura aluvial del Níger es relativamente sencilla; sólo requiere un canal de derivación. Haría falta provocar un rebajamiento del fondo del lecho del Níger de muchos metros entre Tombuctú y Gao para que esta planicie acuática se vaciara espontáneamente. Aún así, haría falta encerrar el río entre diques para que la gran inundación pasara de largo. Si no hubiera más remedio, esto es lo que habría que hacer. En cambio, la antigua llanura aluvial del Níger, formada cuando el río no tenía salida hacia la costa, se prolonga al

Oeste por una región seca, fuera de las inundaciones. Este es el factor que podemos aprovechar de manera inmediata, sin necesidad de obras colosales ni inversiones impracticables.

La obra de construirle al Níger un cauce artificial durante 1.000 kilómetros que le aísle de los pantanos es incomparablemente más costosa que la simple desviación hacia la llanura de tierras de aluvión situada al Oeste. Aún así, el río Bani, seguiría anegando la región pantanosa actual, manteniendo gran parte de los pantanos, a no ser que este río fuera encerrado entre cientos de kilómetros de diques.

Se debe tener en cuenta que el río Bani desemboca en esta llanura y es preciso regularlo. En una fase posterior, tras la regularización de este río, sus aguas podrían servir para formar un segundo frente de colonización, ahora en la región pantanosa. La idea es destinar las aguas del Yoliba a la llanura aluvial seca, en tanto que las del Bani a las de la pantanosa. Este río nace también en la franja lluviosa de la costa guineana, pero atraviesa regiones menos ricas en precipitaciones que el Níger y su caudal es inferior. A pesar de ello, a medio plazo,   el Bani podría realizar esta labor colonizadora.

Otra posibilidad consiste en desviar el Bani hacia el Níger a la altura de Bamako. Estos ríos discurren paralelamente durante cientos de kilómetros, a corta distancia uno de otro. El curso del Bani parece seguir una altura ligeramente superior. Si el Bani tiene su cauce a mayor altitud que el Níger ala altura de Bamako, el desvío de sus aguas hacia aquel parece una operación relativamente sencilla.

La regularización del sistema fluvial produciría inmediatamente una consecuencia: la desecación del Macina y del resto de la región pantanosa hasta Tombuctú, al no renovarse el agua de los lagos mediante las inundaciones anuales. Si estas inundaciones de 12.000 m3 de media, no anegaran la llanura, ésta dejaría en pocos años de ser un pantano. Con ello, el territorio cercano al gran río quedaría abierto a la colonización, bien por la ampliación del dispositivo de riego, bien por los cultivos de lluvia. La llanura aluvial seca no tiene densa vegetación, que exija labores de desforestación complicadas. Está cubierta de arbustos y herbazales y su puesta en cultivo no debe presentar excesivas dificultades.

SIETE

La desviación del Níger a través de las colinas bastaría para poner en cultivo una franja de tierra cuya extensión estará determinada por el caudal de agua que el río pueda aportar de manera constante. El caudal medio del río, será aproximadamente de entre 1.500 y 2.000 m3/segundo. Esto significa, a 20 km2/m3, una extensión de entre 30.000 y 40.000 km2, es decir, de entre 3 y 4 millones de hectáreas. Con esta distribución de agua se proporcionan 15.000 m3/hectáreas al año, cantidad suficiente para obtener más de una cosecha.

Si calculamos que unas tierras aluviales sometidas a explotación intensiva, con dos cosechas al año, pueden alimentar a más de 1.000 personas por km/2, la capacidad el enclave se acercaría a los 50 millones de habitantes, que es tanto como la población de los países del entorno (***). Si, por el contrario, se provecha el conjunto de la llanura aluvial, mediante una sola cosecha anual, el resultado será el mismo, pero el costo de su puesta en funcionamiento, bastante mayor. De forma que es preciso elegir las tierras aluviales que con más facilidad se presten a su cultivo.

Un canal que recoja las aguas del Koulikoro (donde ha de instalarse un embalse de regulación que llegue a la propia Bamako), debe atravesar la región de colinas que separan al río de la llanura septentrional.

Las fases de la colonización podrían ser las siguiente:

1. Aprovechamiento del caudal de agua de su crecida, mediante la desviación, a través de un canal: una cosecha. De mediados de agosto a mediados de noviembre el caudal del río se mantiene por encima de los 5.000 m3/segundo.

2. **Regulación de la cabecera de la cuenca, reteniendo el agua del conjunto del año: Dos cosechas.** Un gran embalse en Kourousa y otros menores capaces de retener el volumen de agua y suministrar energía eléctrica para un comienzo de industrialización.

3. **Captación de las aguas de los ríos guineanos, desviándolas hasta la vertiente del Níger. Ampliación de la franja cultivada.**

Tal vez se podría aprovechar mejor ese foco de lluvia extraordinaria que es el macizo de Fouta Djallon, captando algunos ríos que nacen en la vertiente opuesta. El macizo es muy poco abrupto. El caudal de agua del Níger se acrecería de esa manera.

La primera fase es relativamente fácil de realizar. Sólo requiere la construcción de un canal de desviación. La segunda ya necesita grandes inversiones en presas, pero permitiría el establecimiento de centrales eléctricas. Esta segunda fase se podría llevar a cabo gradualmente, sobre la riqueza generada por la primera.

La región aluvial ha sido creada por el río, en la que ha estado desembocando durante un largo periodo geológico. Los medios de que dispongo no me permiten llegar a un conocimiento preciso de sus características, que no pueden ser diferentes de las del resto de cuencas semejantes. Sólo podemos conocer con exactitud el hecho general, que parece suficiente. Según el plano geológico que se tiene a mano, esta región se extiende en forma de triángulo irregular que tiene como vértices Bamako,

Tombuctú y el Hodh. Se puede calcular la extensión de esta llanura de tierras de aluvión en 150.000 km2. La mitad aproximadamente está formada por las llanuras pantanosas en las márgenes del Níger. La otra mitad corresponderá a la región fuera de las inundaciones, situada al Oeste. El territorio aprovechable de be tener más de 50.000 km2. Si fuera posible irrigarlos completamente con las aguas del Níger, brotaría en medio del desierto un oasis comparable al de Egipto, capaz de alimentar una población no menos numerosa que la de aquel país; la plaga del hambre en el Sahel Occidental estaría superada. Como la población de los países del entorno está lejos de esta cifra, una buena parte de los cultivos podrían dedicarse a la producción de materias primas agrícolas, que serían el origen de la actividad industrial. Este será un firme principio de desarrollo para aquellas regiones. No sólo se lograría superar el tremendo problema del déficit alimentario, sino que se establecería la base para un progreso económico constante. Las estaciones eléctricas de los embalses de regulación suministrarán una buena parte de la energía necesaria. El enclave cultivado del Alto Níger sería la fuerza motriz que pusiera en movimiento aquella parte del mundo.

Tenemos con ello un ejemplo del principio expuesto más arriba de que el desarrollo de la economía de los países tropicales debe comenzar por el aprovechamiento de los recursos fluviales: agua y energía. Es la única base sobre la que será posible su sostenimiento en el futuro.

Pero no es esta la única consecuencia trascendente que se derivaría del proyecto, como veremos más adelante.

(***) *El presente documento fue escrito por el autor en el año 1983.*

OCHO

El territorio aluvial seco que se encuentra al Noroeste del Arco del Níger fue centro del Imperio de Ghana que, como se sabe, nada tiene que ver con el actual estado denominado así. Desde el comienzo de la Era se desarrolló en los límites del desierto un poderoso centro comercial, que mantenía un tráfico constante entre el Mediterráneo y el Sudán. Este comercio se basaba en la exportación de oro de los yacimientos aluviales del Bambuk, en uno de los afluentes del Alto Senegal. Esta región boscosa no fue dominada por Ghana, que se limitaba a realizar el transporte hasta los puertos mediterráneos a través del desierto. Otro elemento esencial de aquel comercio era la sal de las salinas de Idjil, de la que los pueblos sudaneses tenían gran necesidad. Viajeros árabes nos han dejado una descripción de aquella sorprendente civilización. Pero el sostén del Estado eran los campos cultivados que, en plena estepa, se regaban con las aguas de los pozos de escasa profundidad de los que la región tenía superabundancia. Más tarde el nivel freático descendió, haciendo impracticable la agricultura. En los centros de Kumbi Saleh y Audoghast ricos vergeles proporcionaban a los viajeros,   a gran distancia del Níger, los pertrechos y vituallas para el cruce del temible obstáculo desértico. En la actualidad un brazo del Níger parte de Sansanding hacia el Norte a través de la estepa y antiguamente se prolongaba hacia el Noroeste, alimentando las capas subálveas de la región en que tuvo su origen Ghana. Por otro lado, todavía hoy un cauce subterráneo del Níger discurre hasta el oasis de Aruan, cuyos pozos manifiestan con retraso las subidas y bajadas del nivel del río a una distancia de 200 kilómetros.

La región tiene, pues, una interesante tradición histórica; fue el centro de la que seguramente ha sido la sociedad más desarrollada y vigorosa de cuantas han aparecido en la franja sudanesa. Durante siglos el oro de Bambuk era la única fuente de aprovisionamiento de ese metal. Su elevadísimo valor hacía rentable el comercio a través del desierto. Recordemos que durante la época final de Imperio Romano el oro se impone como la moneda de tráfico principal y éste fenómeno se acentúa durante la época bizantina y el comienzo de la árabe; así, las monedas de oro desaparecen casi por entero de Europa Occidental durante la época bizantina, absorbidas por las transacciones mediterráneas. El principal centro suministrador del áureo metal fueron los yacimientos fluviales sudaneses. Pero este tráfico no hubiera sido posible sin la existencia de un punto de apoyo en plena región desértica, que por circunstancias especiales proporcionaba los medios de subsistencia con que realizar la travesía el gran espacio vacío.

NUEVE

Y es precisamente el restablecimiento de un núcleo cultivado en aquella región lo que tal vez nos permita resucitar las antiguas rutas y poner de nuevo en comunicación los países mediterráneos con los sudaneses, el Norte con el Sur. Si la colonización del territorio fuera posible de la forma sencilla que proponemos, tendríamos el punto avanzado sobre el desierto desde el que intentar su tránsito.

No es la menor de las causas que mantienen el atraso del Sur el hecho de estar separado de los países industriales del Norte por una amplia franja desértica que dificulta y limita los intercambios. Esta franja aísla el Norte del Sur, impide la convivencia directa y las relaciones, de hecho, sólo pueden realizarse por medios no terrestres. Del Senegal a Manchuria una amplia línea desértica amortigua las relaciones comerciales y, sobre todo, las humanas. El Sur y el Norte están brutalmente separados por cientos de kilómetros de tierras secas, semivacías, con pocos puntos de apoyos intermedios, a través de ellas, las relaciones, si existen, se realizan de manera extremadamente precaria. En el Nuevo Mundo tampoco podemos desdeñar la importancia que para el tráfico y las relaciones significan los desiertos del Norte de México y el Suroeste de Estados Unidos. El tráfico aéreo y marítimo, con toda su importancia, no dejan de tener un valor secundario desde el punto de vista de la convivencia de las sociedades. Sólo las comunicaciones terrestres pueden promover una contigüidad, una convivencia estrecha. En nuestra época, a través de ésa franja sólo hay algunas rutas abiertas, a gran distancia entre si, que resultan de todo punto insuficientes para promover la intimidad que es necesaria entre el Norte y el Sur.

En donde el fenómeno se produce de forma más extrema es en

el Sáhara, que separa radicalmente Europa del África Tropical. No hay ninguna ruta comercial que pueda satisfacer las necesidades de unas comunicaciones intensas entre dos masas continentales que son, a la vez, los extremos de la polaridad Norte-Sur: el centro de máxima irradiación y el de menor receptividad. La causa no es otra que esos 2.000 kilómetros de espacios vacíos. Recientemente se han construido algunas carreteras estratégicas (****), a costa de enormes esfuerzos, pero no bastan a éste propósito y quizás con la irrigación de las llanuras aluviales cercanas al Níger tuviéramos la base para resolver definitivamente el problema.

(****) *El presente documento fue escrito por el autor en el año 1983.*

DIEZ

Entre los obstáculos que dificultan las relaciones comerciales y las migraciones los más graves son los territorios desérticos. Estos pueden ser de varios tipos: espacios áridos, regiones pantanosas, grandes bosques. Las selvas han limitado frecuentemente la actividad del hombre, al igual que los extensos pantanos. Pero el obstáculo por antonomasia para la circulación ha sido siempre el desierto, en donde la falta de agua y alimentos ha convertido los viajes en verdaderas odiseas. No por ello el hombre ha cedido ante él; no ha dudado en intentar la aventura, estimulado por los beneficios que podía obtener de su tránsito, suscitados por la propia dificultad de la empresa.

En el continente africano hallamos el mayor de los obstáculos. Son los 2.000 kilómetros de franja sahariana, con pocos puntos de apoyo intermedios, que crece o se estrecha según la estación o el ciclo climático; con sus arenales y sus inmensos espacios cubiertos de guijarros. En un espacio casi tan vasto como el continente europeo, el conjunto de sus dispersos manantiales proporcionan a los viajeros un volumen de agua de algunas decenas de metros cúbicos por segundo, los que discurren por un pequeño río europeo. Las raras y torrenciales lluvias, a lo largo de los milenios, han creado capas freáticas a profundidad variable, que afloran caprichosamente según la naturaleza del terreno. El caudal de agua que el desierto atesora es muy escaso y se renueva con extraordinaria lentitud. Si es explotado en exceso, el nivel freático desciende rápidamente; a lo largo de los siglos no ha hecho sino decrecer y el agua se obtiene cada vez a mayor profundidad. Este fenómeno explica porqué, no habiendo cambiado el clima desde la última glaciación, el agua escasea cada vez más y ha de obtenerse a mayores profundidades. Los viajeros encuentran que el desierto es cada vez más árido y opone a su cruce mayores dificultades.

Para la navegación marítima la franja desértica fue también una barrera insalvable hasta la introducción de la moderna navegación a vela, que permitía alejarse de unas costas en las que era imposible aprovisionarse de agua. El radio de acción de las galeras de remos mediterráneas estaba determinado por el tiempo en que el agua permanece potable. Este tiempo es muy breve y por eso la navegación tuvo por *"Finis terrae"* durante miles de años a las Hespérides y al Cabo Bojador. Tal vez el viaje se hiciera en alguna ocasión, de forma excepcional, pero nunca fue establecido un sistema de navegación regular entre el Mediterráneo y la costa de Guinea. Al otro flanco de esta franja, el Mar Rojo adoleció de la misma tara. Los egipcios hubieron de desarrollar un sistema de comunicaciones terrestres, remontando el Nilo y cruzando las montañas etíopes hasta la región de influencia de los monzones, cuyo mecanismo descubrieron en la época helenística. Esta ruta terrestre hizo la fortuna de Axum y Meroé, precisamente porque a lo largo del Mar Rojo los barcos antiguos no podían mantener un comercio regular.

Los primeros viajes comerciales por tierra de que tenemos noticia son las *"rutas de los carros"*, que unían los puertos mediterráneos con el Sudán.

En aquel tiempo el nivel freático estaba todavía alto y era posible la circulación de carros y caballos. A comienzos de la Era es introducido el dromedario, capaz de realizar etapas mucho más largas y a mayor velocidad. Gracias a ello los manantiales, que antes eran meros puntos de apoyo en algunas rutas comerciales, son objeto de una explotación agrícola, convirtiéndose en oasis o vergeles. Su extensión y demanda de agua no ha hecho sino crecer, rebajando el nivel de las aguas subterráneas y obligando a buscarlas en lejanos manantiales, cuyo caudal es transportado hasta el oasis matriz mediante canales subterráneos, las foggaras. El moderno maquinismo, que rescata el agua de cientos y miles de metros de profundidad, está acabando no sólo con las reservas de aguas filtradas en épocas recientes, sino con las aguas fósiles, procedentes de lluvias ocurridas hace miles de años.

El desierto está cada vez más desierto; el agua escasea de forma creciente. El abismo que separa Europa del África Tropical se agranda, a pesar de los intentos de salvarlo con algunas vías de comunicación estratégicas. Todo ello no tiene otra causa que el agotamiento de los recursos hídricos. Como el desierto no puede dar de sí más agua, es preciso, para resolver el problema, introducir en él agua de los países del entorno. Es en ese sentido en el que el proyecto del Alto Níger adquiriría inusitada transcendencia.

ONCE

Bastaría con derivar una pequeña parte del caudal de agua del Níger desde las llanuras del Hodh para que fuera posible establecer una ruta transahariana. Un acueducto que tuviera en su origen, por ejemplo, 50 m3/segundo, serviría de base a una comunicación directa entre Europa y el África Tropical. Este caudal de agua, que representa tan sólo 1/30 ó 1/40 parte del caudal

del Níger, es tanto como el que suministran el conjunto de manantiales del Sáhara. Con una orientación casi exacta de Sur a Norte, cruzaría el desierto precisamente por donde es más estrecho: entre las últimas estribaciones del Atlas, frente a las Canarias, y la región del Arco del Níger. Vimos más arriba que fue la posición avanzada sobre el desierto de los vergeles de la antigua Ghana lo que permitió establecer hace más de mil años un sistema regular de comunicaciones. Ahora se podría restablecer aquel dispositivo, de forma mucho más sólida y duradera, haciendo discurrir a través del desierto un acueducto que aprovisionara de agua y alimentos el tránsito terrestre. Una línea de oasis, de trecho en trecho, uniría el Magreb y el Sahel. A lo largo de esta línea poblada sería posible que una autopista discurriera con toda facilidad, pues el agua la aislaría del desierto; en realidad, no atravesaría el desierto, sino una sucesión de oasis a corta distancia entre sí. El desierto no es tan estéril como parece; basta con que un leve chaparrón humedezca cualquier punto para que éste fructifique espléndidamente, pues la falta de lluvias mantiene su riqueza en minerales fertilizantes. El Sáhara Occidental es una llanura baja y plana y a través de él encontraría el acueducto pocos obstáculos orográficos. Probablemente, el agua discurre por simple gravedad desde el Níger hasta la desembocadura del Draa, pues en su origen tendrá una altitud superior a 300 metros sobre el mar.

Sobre la base de ésta gran conducción de agua se podría establecer un sistema de comunicaciones que satisficiera las necesidades de nuestra época: autopista, ferrocarril, oleoducto y gaseoducto. En los últimos decenios los transportes por carretera han evolucionada considerablemente, ganando en velocidad y capacidad de carga. Así se han establecido en otras partes del mundo sistemas de transporte a largas distancias. El dispositivo que aquí proponemos entre la costa mediterránea y la del Golfo de

Guinea, sería de parecidas dimensiones al que existe en América del Norte, de Costa a Costa. La primera base de su rentabilidad serían los productos obtenidos en los riegos del Alto Níger, que se encuentran muy lejos del mar; hay casi la misma distancia hasta Dakar que hasta el Atlas. Los hidrocarburos de la Costa Guineana podrían seguir el mismo camino hacia Europa.

Sólo las comunicaciones terrestres logran suscitar una verdadera convivencia entre los pueblos. El África Tropical tiene hoy la estructura de una gran isla; sus transportes hacia el mundo exterior se realizan por mar o por aire. Para que se produzca una transformación radical es preciso unirla por tierra al Norte industrial. Hay que modificar su estructura, trocándola de isla en península; su istmo podría ser la línea de comunicaciones propuesta, Basada en la regulación del Alto Níger.

Durante la época colonial era Francia la potencia hegemónica en esta parte del Mundo e intentó establecer una línea de comunicaciones que tenía estos hitos: París, Marsella, Argel, Arco del Níger, la cual resultó impracticable; el comercio siguió vertiendo hacia los puertos del litoral. Eran otros tiempos y los transportes por carretera no habían evolucionado. Ahora sí es posible la instalación de una ruta terrestre, de transporte rápido, capaz de absorber y distribuir el comercio euro-africano.

Partiendo del Estrecho de Gibraltar - en donde sería inevitable, más adelante, construir un puente-, alcanzaría el Arco del Níger y luego el Golfo de Biafra (son los tres grandes puntos estratégicos de la zona), ramificándose al acercarse al Níger, precisamente en la región que proponemos colonizar. Entre el Estrecho de Gibraltar y el Hodh la línea sería única; pero en la región de nuevos cultivos del Alto Níger se ramificaría en todas direcciones, hacia el litoral guineano: Dakar, Konakry, Fretown, Abidjan, Accra, Lagos, Douala, y hacia el África Central: la Nigeria del Norte y el lago Chad.

Así, pues, el nuevo enclave cultivado sería el eje de un dilatado dispositivo de comunicaciones terrestres a larga distancia. Una parte de la infraestructura está realizada: la líneas ferroviarias y las carreteras que unen la franja sudanesa con los puertos guineanos: Dakar-Bamako, Konakry-Kankan, Abidjan-Uagadugu, Lagos-Kano. Las terminales del dispositivo están establecidas y sólo habrá que completar la obra, unificándola y dándole una salida directa hacia el Norte. Es decir, el sistema de comunicaciones actual, orientado hacia el Sur, cambiaría de sentido, dirigiéndose hacia el Norte y agrupándose en un dispositivo único.

El agua del Níger hará posible la culminación del viejo sueño transahariano y una nueva época comenzará para África. Así la utilidad excepcional de los riegos del Alto Níger será doble: no sólo resolverá el problema del déficit alimentario en los países del Sahel, sino que será la base de un sistema de comunicaciones euro-africano, al hacerlo posible con sus aguas y al convertirse en su eje.

9 781687 671585